AF357153

FUNÉRAILLES

DE

JOSEPH-MARIE JACQUARD,

MORT LE 7 AOÛT 1834, À OULLINS.

PROJET D'ÉRECTION,

D'UN

LYON,

IMPRIMERIE DE L. M. BARRET.

1834.

PROCÈS-VERBAL

DE LA

SÉANCE DE LA COMMISSION PROVISOIRE,

POUR

L'ÉRECTION, PAR SOUSCRIPTION, D'UN MONUMENT

A LA MÉMOIRE

DE JOSEPH-MARIE JACQUARD.

———————

Aujourd'hui 26 août 1834, MM. Riboud, président du Conseil des Prud'hommes de Lyon; Putinier, Joly, Pellin, membres dudit Conseil pour les fabricans; Labory, Perret, Berthaud, pour les chefs d'ateliers; Goujon, Ollat, Clément Reyre et Pichard, se sont réunis dans la salle du greffe du Conseil des Prud'hommes, à l'Hôtel-de-Ville. M. Riboud a donné connaissance à l'assemblée de la délibération du Conseil des Prud'hommes, en date du 23 août présent mois, portant en substance :

« Les Membres du Conseil, au nom des Fabricans et Chefs
» d'ateliers, dont ils sont les élus : vu les services rendus à la
» ville et à l'industrie lyonnaise par J. M. Jacquard, par l'invention
» et la propagation de la machine qui porte son nom, décident :
» 1.° qu'une Commission prise dans le sein du Conseil sera chargée
» d'ouvrir une Souscription pour élever un monument à la mémoire
» de ce digne citoyen; 2.° une somme de deux cents francs est
» votée pour cet objet. »

M. Riboud a annoncé qu'il avait invité à siéger à cette Commission les membres du Conseil ci-dessus dénommés, MM. Goujon,

OLLAT, CLÉMENT REYRE, déjà souscripteurs pour le monument, et M. PICHARD, allié de J. M. JACQUARD, qui avait émis le vœu de voir ouvrir la souscription.

Invité à présider, M. RIBOUD a annoncé que la Commission était formée, et a invité M. PICHARD à tenir la plume, comme secrétaire.

La discussion s'est engagée, et après une mûre délibération, la Commission, considérant : que J. M. JACQUARD, par l'invention du mécanisme qui porte son nom, a permis d'appliquer le mode de fabrication des étoffes de soie façonnées aux tissus de toute espèce et de tout prix; considérant l'influence que cette découverte a eu sur le commerce en général, en multipliant les produits de la fabrication ; considérant que J. M. JACQUARD a bien mérité de l'humanité en mettant à la portée de tous ce mécanisme de la fabrication des étoffes façonnées, rendu moins pénible et plus productif.

Arrête :

1.º La somme de 200 fr. votée par les membres du Conseil des Prud'hommes sera la première mise de fonds à la souscription qui est ouverte dès ce jour au greffe du Conseil des Prud'hommes.

2.º La Commission écrira à M. le Préfet de ce département, à M. le Maire de Lyon, et, par lui, au Conseil municipal, à la Chambre de Commerce, pour leur annoncer la Souscription, et inviter ces dignes magistrats et ces corps à joindre leurs efforts aux siens pour la propager.

3.º Pareille communication sera faite à l'Académie des sciences et belles-lettres de Lyon, à la Société d'agriculture et arts utiles, qui comptait J. M. JACQUARD au nombre de ses Membres ; enfin aux Rédacteurs de tous les journaux de Lyon.

4.º Aussitôt qu'il se sera présenté cent souscripteurs, une Commission définitive sera élue par eux, pour régler l'emploi des fonds et décider la forme du monument à élever, soit à Lyon, soit à Oullins, sur la tombe même de JACQUARD.

LA SÉANCE EST LEVÉE.

FUNÉRAILLES

DE

JOSEPH-MARIE JACQUARD.

Joseph-Marie Jacquard naquit à Lyon, le 7 juillet 1752. Son père, Jean-Charles Jacquard, était maître-ouvrier en étoffes d'or, d'argent et de soie; sa mère, Antoinette Rive, liseuse de dessin èsdites étoffes; son aïeul fut Isaac-Charles Jacquard, habitant et tailleur de pierres à Couzon.

Ayant passé les premières années de sa jeunesse dans un atelier de relieur de livres, il approchait de l'âge mûr quand il céda au penchant qui l'entraînait vers la mécanique appliquée au tissage de la soie. Ses premières inventions lui attirèrent des tracasseries violentes, des persécutions acharnées, et il n'en fut pas découragé. Il obtint plusieurs Brevets d'invention qu'il négligea d'exploiter. Peu soucieux de la fortune, il s'engagea avec le Conseil municipal de Lyon, au prix d'une pension modique, A CONSACRER TOUT SON TEMS ET TOUS SES TRAVAUX AU SERVICE DE LA VILLE, ET A LA FAIRE JOUIR DE TOUT PERFECTIONNEMENT A SES PRÉCÉDENTES INVENTIONS.

Le métier qui porte son nom n'était d'abord destiné qu'à suppléer le tireur de lacs, dans la fabrication des étoffes brochées et façonnées; il sut l'approprier à bien d'autres usages, et ce métier est devenu, dans ses mains, l'une des plus belles machines que le génie de l'industrie eût jamais créée; il fonctionne partout où l'on tisse la soie, et bientôt on l'appliquera à la fabrication de tous les tissus.

L'auteur de cette grande découverte a vécu satisfait de la plus humble fortune; il a coulé paisiblement ses dernières années dans une maisonnette d'Oullins, près Lyon, où un autre homme célèbre dans un genre différent, Thomas, était venu, il y a cinquante ans, chercher le repos et la santé. On sait que M. de Montazet, archevêque de Lyon et confrère de Thomas à l'Académie française, recueillit l'écrivain et lui ferma les yeux.

Jacquard a été visité dans sa modeste retraite par des voyageurs de haute distinction, par des Pairs de la Grande-Bretagne, qui n'étaient pas peu étonnés de l'existence si modique, dans un village près de Lyon, d'un homme si célèbre en Europe; car ce n'est pas ainsi qu'on récompense, en Angleterre, les inventions qui reculent les bornes de l'industrie, et qui améliorent le sort des hommes.

Jacquard a cessé de vivre le jeudi 7 août, à une heure du matin.

Ce funeste événement a été connu trop tard à Lyon pour qu'un grand cortége ait suivi les obsèques de Jacquard. Un jour plus tard, et des milliers d'admirateurs et d'amis l'eussent accompagné à son dernier asile.

Les Discours suivans ont été prononcés sur sa tombe.

DISCOURS DE M. BEZ,

CURÉ D'OULLINS,

MESSIEURS,

C'est la religion qui, la première, s'empresse de payer un juste tribu d'admiration et de regret à cet homme célèbre, dont la terre vient de recevoir la dernière dépouille. Juste appréciatrice de toutes les gloires, elle réserve des couronnes à tous les genres de célébrité qui ont eut pour but le bien-être des hommes, et qui ont surtout pu concourir à perfectionner les progrès de l'industrie, cette nourrice inépuisable des peuples. Mais quand, aux talens supérieurs qui distinguent l'homme de la foule et l'élèvent au-dessus de ses semblables, par l'emploi des moyens qui lui ont été départis par la Providence, vient se joindre l'amour de la religion qui ennoblit tout, quand, non content de faire du bien à ses concitoyens en rendant ses travaux plus prompts et plus faciles, on peut encore être, pour tous, un modèle d'attachement aux lois sévères du christianisme, qui seules peuvent former le parfait homme, Messieurs, il n'y a pas de gloire pareille à cette gloire.

Messieurs, tel fut l'homme de bien dont la mort nous réunit autour de cette tombe. Simple, juste et craignant Dieu, sa mémoire sera toujours en bénédiction dans nos modestes hameaux, où sa tendre et douce charité savait si bien soulager les misères de l'infortune. Religieux par conviction, repoussant loin de lui les vaines timidités des petits esprits; qu'il était beau de voir ce vénérable vieillard venir courber ses cheveux blancs aux pieds des autels de J. C., et satisfaire, comme un faible enfant, au devoir en apparence le plus rigoureux de la religion, avec une foi et une piété dignes des temps heureux de la primitive Eglise.

Qu'il était beau d'entendre sortir de la bouche de ce vénérable vieillard les paroles de pardon pour les ennemis jaloux de sa gloire, et qui tant

de fois avaient cherché à paralyser les efforts de son génie. Aussi, sa mort
a-t-elle été aussi douce que sa vie. Témoins de ses derniers instans,
comme il nous instruisait par ses réflexions justes et saintes sur l'incons-
tance et la briéveté de nos jours! Avec quelle sérénité de confiance, quelle
simplicité de langage, il nous entretenait du passage du temps à l'éternité,
si effrayant pour tant d'autres! Qu'il repose en paix cet homme simple,
juste et bon, en attendant que nous nous réunissions avec lui dans le
sein de Dieu.

DISCOURS DU DOCTEUR PICHARD.

Messieurs,

Avant qu'une voix éloquente fasse entendre, au sein des Sociétés savantes,
l'éloge de l'ami que nous pleurons, qu'il soit permis, à un de ses collègues
à la Societé d'agriculture, à l'un de ses alliés, de lui adresser, du bord de
cette tombe, un dernier adieu, et de se rendre l'interprète de vos justes
regrets, en décernant à sa mémoire un tribut de louange.

L'homme de bien, dont nous confions aujourd'hui à la terre la dépouille
mortelle, fut le bienfaiteur des ouvriers en soie de Lyon, par la simpli-
fication du métier destiné à la fabrication des étoffes de luxe. Il fut aussi
le bienfaiteur de la cité lyonnaise, à qui il permit, par son heureuse invention, de soutenir toute espèce de concurrence dans ce genre. Il fut un
de ses hommes *instinctifs*, qui, sans guide, sans secours, tracent de nou-
veaux sentiers à l'industrie, ouvrent de nouvelles sources de prospérité
aux cités; il fut enfin, Messieurs, pour chacun de nous dans cette commune, le modèle de toutes les vertus.

La vie de Joseph-Marie Jacquard fut pénible et laborieuse: au midi de sa
vie, à la suite du siége de Lyon, en 1793, il vit sa maison en flamme et

sa tête proscrite. Il échappa au danger par le dévouement de son fils, qui avait déjà pris les armes avant l'appel fait à la jeunesse française pour la défense du territoire. Ce digne fils plaça son père dans les rangs de nos phalanges, et peu de temps après périt, frappé d'une balle sous les yeux mêmes de ce père qu'il arrachait au trépas.

M. Jacquard trouva bientôt des protecteurs parmi ceux-là mêmes qui l'avaient proscrit. Il put revenir sans danger à Lyon et s'y livrer à l'étude de la mécanique vers laquelle l'entraînait son penchant. Sans le secours des sciences qu'enseignait déjà la célèbre école Polytechnique, il appliqua à la fabrication des étoffes de soie le génie qui lui fit présenter plus tard, au héros qui gouvernait la France, ce métier qui devait accroître notre industrie, multiplier ses produits, et, ce qui est plus précieux pour l'ami de l'humanité, rendre le travail de l'ouvrier qui, jusqu'alors, épuisait ses forces et altérait sa santé, plus facile et plus fructueux. Dire par quelle persévérance il sut arriver à cet immense résultat serait trop long; dire ses tribulations pour faire adopter son invention, serait triste pour nous qui jouissons du fruit de ses travaux : car il faudrait rappeler que le froid égoïsme et l'orgueil jaloux se plaisent quelquefois à humilier le talent, à flétrir les œuvres du génie. Mais, Messieurs, la belle âme de notre ami repousserait des éloges qui lui sembleraient un blâme jeté sur le passé ! Je dirai, ces récompenses municipales, qui, bien que tardives, environnèrent d'aisance sa vieillesse, et cette étoile d'honneur qui décorait l'homme en même temps qu'elle illustrait l'institution.

Simple et modeste, M. Jacquard recevait avec reconnaissance ces honneurs mérités; il était heureux d'avoir été utile à ses concitoyens, et, dans son noble désintéressement, il dédaigna d'utiliser le brévet d'invention qu'il avait reçu. L'empereur Napoléon s'étonna un jour du peu de profit qu'il avait retiré d'un tel travail. N'oublions pas qu'il refusa les offres les plus séduisantes, lorsqu'on lui proposa d'aller enrichir nos voisins de ces précieuses découvertes. Notre compatriote abandonna, trop peut-être, non pour la gloire, mais pour sa patrie, la route qu'il avait parcourue. Il avait trouvé un procédé pour la confection des filets destinés à la pêche maritime. La Société royale de Londres avait tenté l'émulation des artistes par un grand prix, destiné à celui qui donnerait le modèle de ces filets. M. Jacquard, satisfait d'avoir montré à MM. les mécaniciens de l'Institut ce qu'il pouvait faire, renonça à toute prétention au prix, et rentra dans son champêtre asile pour s'y consacrer à des expériences scientifiques et à des travaux agricoles. Cependant la fabrication des étoffes de soie s'étendait au loin, et, pendant que les métiers à la Jacquard se multipliaient, que le nom de l'inventeur devenait européen, il faisait oublier ici sa renommée par ses douces vertus. Une vieillesse vigoureuse semblait lui promettre de longs jours ; des infirmités en ont abrégé le cours, et celui que nous pleurons a couronné sa carrière honorable et laborieuse, par une fin chrétienne, à 82 ans.

Vous avez vu, Messieurs, nos rivaux, non plus dans l'art fatal de la guerre, mais nos rivaux en industrie, en civilisation, chercher ici notre modeste mécanicien, l'entourer de respect, se disputer quelques lignes de son écriture. Ils viendront encore visiter cette maison, où le poète Thomas, cet autre ami du peuple, chercha vainement la santé, et qui est maintenant consacrée, par la mort de l'ami des ouvriers lyonnais. Ils viendront chercher sa tombe dans cette enceinte, au milieu des humbles sépultures des habitans d'Oullins : qu'ils puissent la trouver cette tombe ! que de toutes parts des souscriptions se fassent pour l'élever ; que l'or du riche *fabricant*, l'obole de l'ouvrier, économisée sur le prix de sa journée, se réunissent pour la parer ; qu'elle s'élève en ces lieux pour être entourée de la vénération de nos neveux.

DISCOURS DE M. GROGNIER,

SECRÉTAIRE-GÉNÉRAL DE LA SOCIÉTÉ D'AGRICULTURE ET ARTS UTILES DE LYON,

AU NOM DE CETTE COMPAGNIE.

MESSIEURS ,

L'homme auquel nous rendons aujourd'hui douloureusement les derniers devoirs fut bon , simple , modeste , et en même temps l'une des plus éminentes notabilités de l'industrie européenne. Cet homme dont la vénérable vieillesse s'est paisiblement écoulée dans un coin obscur de cette commune , était célèbre à Londres comme à Philadelphie , à Petersbourg comme à Calcutta. Son nom, à peine connu autour de sa demeure , avait retenti dans tous les ateliers , sur tous les marchés de l'univers. Cet homme , dont l'existence domestique était obscure en apparence , a étendu , développé , perfectionné , enrichi la grande et brillante manufacture de la métropole de l'industrie française.

Il ne fut pas savant , mais il eut du génie : le propre du génie est de planer au-dessus des sciences : car il est une inspiration providentielle , une mission d'en haut. Arrivé , sans nom comme sans fortune , jusqu'à l'âge mûr , de vagues sentimens tourmentaient son esprit. Une machine extraordinaire , oubliée dans un coin , frappe ses regards ; il la considère et l'examine , il l'examine et la considère encore. Et , comme Le Corrége s'était écrié jadis : *Et moi aussi je suis peintre !* à l'aspect d'un tableau de Raphaël , Jacquard s'écrie : *Et moi aussi je suis mécanicien !* à la vue d'une machine de Vaucanson.

Dès lors est fixée la vocation providentielle de Joseph-Marie Jacquard. Il changera tout le système de la fabrication des tissus de soie. Il a découvert le principe unique qui domine toutes les combinaisons du tissage. Il créera une machine simple et puissante, peu dispendieuse, d'un facile entretien, se prêtant à tous les usages. Devant ce chef-d'œuvre du génie de l'industrie, disparaîtra pour toujours cette foule de ressorts, d'outils, de cordages, de *harnais* de toutes formes et de toutes dimensions, difficiles, fatigans à monter, à manier, se détraquant sans cesse, produisant peu avec beaucoup d'efforts, lentement et sans économie.

Ce n'est pas tout : les machines que Jacquard a éliminées comprimaient, torturaient, déformaient les membres des ouvriers ; delà une population tout entière d'êtres débiles et souffrans. Si ces hommes si dignes d'intérêt sont plus sains, plus robustes, mieux conformés qu'autrefois, ils doivent en très-grande partie, du moins, qu'ils ne l'oublient jamais, au métier à la Jacquard cette grande amélioration dans leur laborieuse destinée.

Mais, ce n'est pas impunément qu'on opère le bonheur des hommes. Jacquard éprouva des tracasseries, des vexations, il fut abreuvé d'amertume : sa vie fut plusieurs fois menacée. La Providence, qui lui avait donné une haute mission, l'avait doué d'un caractère ferme, d'une persévérance à toute épreuve. Il lutta péniblement, pendant longues années, contre l'intérêt individuel et l'envie, plus inexorable encore, contre la frivolité maligne, l'incrédulité simulée : il eût succombé, sans doute, si l'œil d'aigle de Napoléon ne se fût arrêté sur lui. Dès lors les clameurs se taisent, les obstacles s'applanissent, et l'industrie adopte avec éclat le *métier-Jacquard*. Les premiers qui s'en saisissent arrivent facilement à l'opulence. « Ils sont devenus riches, disait un jour Jacquard, et je suis » resté dans ma très-modique fortune. Je ne m'en plains pas; il me suffit » d'avoir été utile à mes concitoyens, et d'avoir mérité quelque part dans » leur estime. »

« Votre ville, lui disait un étranger de haute distinction, n'a pas été à » votre égard d'une grande munificence. » — « Oh! c'est bien assez, » répondit-il, je n'en ai pas tant demandé, et je n'en voudrais pas » davantage. »

L'ont-ils entendu ces hommes insatiables dont aucun honneur, aucun trésor, ne peuvent jamais récompenser suffisamment les plus minces services ? Encore si c'étaient toujours des services réels , c'est-à-dire , des bienfaits envers l'humanité.

La richesse n'était rien aux yeux de Jacquard, et la gloire peu de choses. Le perfectionnement de l'industrie, la prospérité de la patrie , l'amélioration des destinées humaines , voilà l'idée dominante qui a rempli la vie de ce sage, de cet homme supérieur, de cet humble chrétien.

La religion , dont il avait toujours suivi les préceptes et pratiqué la morale , est venue s'asseoir auprès de son chevet ; elle a calmé ses cruelles souffrances , elle lui a , de sa main divine , fermé doucement les yeux.

Adieu, Jacquart ! l'immortalité , qui vient de commencer pour toi, n'est pas cette immortalité périssable qui vit dans la mémoire des hommes ; cependant, nous qui te survivons, et qui t'avons connu, admiré, tant aimé , il est de notre devoir de recueillir avec respect tes titres à cette immortalité terrestre , non pour toi, mais pour nous; car ta gloire si méritée, c'est notre héritage , c'est notre patrimoine, c'est le patrimoine et l'héritage des associations que tu honorais, et dont l'une parle en ce moment par mon faible organe. C'est le bien de la ville qui te donna le jour ; c'est celui de la France qui te placera parmi ses grands hommes : car, long-temps après que se seront évanouies une foule de célébrités scientifiques , littéraires , et surtout politiques, la tienne subsistera parmi les peuples travailleurs , toujours plus pure et plus vénérée.

Adieu, homme bon, sage et religieux, tout autant qu'esprit supérieur , industriel éminent, et mécanicien de génie !

Adieu, Jacquart!

Après le discours de M. Grognier, personne ne prenant la parole, les assistans commençaient à se séparer et le cortége allait se dissoudre, quand un fabricant lyonnais, M. Bonand, s'est approché de la fosse, et a parlé à peu près en ces termes :

« En l'absence de fabricans mieux en état que moi de se rendre les
» interprètes de la fabrique de Lyon, je crois devoir exprimer ici, quoique
» imparfaitement, puisque je n'y étais pas préparé, l'admiration et la
» reconnaissance de ceux de mes concitoyens qui sont attachés à l'industrie
» de la soierie envers l'illustre Jacquard. — Avant lui, la fabrication des
» étoffes façonnées était longue et pénible; grâce à lui, elle est maintenant
» facile et prompte. Avant lui, cette même fabrication exigeait générale-
» ment l'emploi de deux personnes pour chaque métier; grâce encore à
» lui, une seule suffit. On conçoit dès lors quel avantage immense en est
» résulté pour une ville où plus de dix mille individus étaient livrés à ce
» genre de fabrication, où conséquemment quarante mille aunes d'étoffes
» ont été journellement créées par les mêmes bras qui n'en faisaient aupa-
» ravant que vingt mille. — Aucun bienfaiteur de l'humanité n'a doté son
» pays d'autant de richesses que l'a fait Jacquard. Il lègue au sien la
» richesse impérissable d'une invention qui a doublé la valeur du travail. »

M. Bonand a ajouté ensuite :

« La première personne qui a pris la parole après M. le Curé d'Oullins
» (M. Pichard) a parlé d'une souscription pour élever un monument en
» l'honneur de Jacquard. Cet appel sera entendu de tous les amis de
» l'industrie, et j'ose dire, au nom des fabricans lyonnais, qu'ils y répon-
» dront les premiers. »